MÉMOIRE

SUR LA QUESTION PROPOSÉE PAR L'ACADÉMIE DE MÉDECINE DE PARIS, EN CES TERMES :

« Quels sont les signes qui indiquent ou contre-indiquent
» la saignée, soit dans les fièvres intermittentes, soit dans les
» fièvres continues, désignées sous le nom de fièvres putrides
» ou *adynamiques*, de malignes ou *ataxiques* » ?

Ouvrage qui a obtenu le premier accessit au jugement de l'Académie de Médecine de Paris, le 2 novembre 1812, sur quinze Mémoires envoyés sur le même sujet ;

PAR F.-A.-J. VON MITTAG-MIDY,

Docteur en Médecine à Roye, département de la Somme, Membre Correspondant de la Société Médicale de Douai, Associé Correspondant de celle d'Amiens, et Correspondant de la Société de Médecine-Pratique de Montpellier, département de l'Hérault.

IMPRIMERIE DE FAIN, PLACE DE L'ODÉON.

PARIS,

CHEZ D. COLAS, Imprimeur-Libraire, rue Cassette, n°. 20, faubourg Saint-Germain.

1814.

Detractio sanguinis, nisi quandò res urgeat, spiritus exhaurit, vires exolvit, oculos hebetat, corpus siccat, maturam senectutem reddit.

BALLOU, lib. de Urin. Hypost., p. 102.

MÉMOIRE

QUI A OBTENU,

DE L'ACADÉMIE DE MÉDECINE DE PARIS,

LE 2 NOVEMBRE 1812,

LE PREMIER ACCESSIT,

SUR QUINZE MÉMOIRES ENVOYÉS SUR LE MÊME SUJET.

« QUELS sont les signes qui indiquent ou contre-
» indiquent la saignée, soit dans les fièvres inter-
» mittentes, soit dans les fièvres continues dési-
» gnées sous le nom de fièvres putrides ou *adynami-*
» *ques*, de malignes ou *ataxiques* »?

Telle est la question que propose l'illustre Académie de Médecine de Paris. Nous osons entreprendre de la résoudre par le raisonnement, nos propres observations cliniques et par les autorités. Cette question peut être considérée sous deux rapports : 1°. sous celui des fièvres intermittentes; 2°. sous celui des fièvres continues putrides ou *adynamiques*, malignes ou *ataxiques*. Nous nous permettrons donc de la diviser en deux parties. Dans la première, nous dirons si la saignée est applicable ou non dans les fièvres intermittentes. Dans la seconde, nous exposerons si la saignée est indiquée ou contre-indiquée dans les fièvres continues, soit putrides ou *adynamiques*, soit malignes ou *ataxiques*; mais, avant d'en venir à cette explication, nous croyons devoir établir d'abord les principes généraux.

1. Le signe ou symptôme, selon *Galien*, a plusieurs acceptions différentes. Il se prend généralement ou strictement : en général il signifie ce qui arrive contre nature dans l'animal, dans la maladie, dans la cause morbifique et dans toutes ses suites. Pris strictement, il n'a que la troisième signification, et ne s'entend que des suites de maladies et des causes mêmes. En sorte que le signe ou le symptôme, pris strictement est une affection contre nature qui suit la maladie, comme l'ombre suit le corps.

2. Les signes se divisent en *diagnostics* et en *prognostics*. Le signe diagnostic est celui par lequel on détermine la nature d'une maladie et on la discerne de toute autre : or, on a ce signe quand on sait que la maladie dont il est question, a été précédée de toutes les causes qu'on sait être celles qui produisent de pareilles maladies. Tel est le premier fondement pour établir un diagnostic. Un second est la connaissance de la nature même de la maladie par ses effets présens qui donnent lieu d'asseoir un jugement, s'ils sont tels qu'on les puisse connaître par les sens externes. On connaît la nature d'une maladie cachée quand on peut découvrir les effets dont elle est la cause.

3. Le signe *prognostic* est celui qui fait connaître

qu'une chose arrivera : ainsi, un médecin en forme un lorsqu'il prévoit qu'une maladie ou qu'un accident dans une maladie arriveront lorsqu'ils n'existent pas encore. On annonce qu'un événement arrivera par la connaissance des causes qui, quoiqu'elles ne l'aient pas encore produit, le produiront néanmoins quand la maladie sera plus avancée.

4. Après que le *diagnostic*, § 2, a déterminé le nom de la maladie, ses différens degrés, qu'il a fait connaître quelle est la partie affectée et quelle en est la cause, et après que le *prognostic*, § 3, a fait voir ce qu'il y a à espérer ou à craindre, on est en état d'en inférer quelles mesures on a à prendre. Voilà ce qu'on appelle les choses qui sont indiquées comme convenables, et la connaissance qu'en a le médecin est ce qu'on nomme *indication*.

5. Lorsque le *diagnostic*, § 2, et le *prognostic*, § 3, mènent à la connaissance des choses qui ne conviennent pas dans une maladie; par exemple, s'il arrive qu'un malade ait la fibre lâche, le pouls faible, les forces vitales diminuées, le médecin pourra en inférer que la saignée ne convient pas; en conséquence on peut dire que ce moyen est contre-indiqué : voilà ce qu'on appelle *contre-indication*.

6. On entend par *saignée* une opération par laquelle (à l'aide d'un instrument poignant et tranchant tel qu'une lancette) on ouvre une veine, ce qui s'appelle *phlébotomie*, ou une artère, c'est *l'artériotomie*. Il est encore d'autres moyens de tirer du

sang, tels que les scarifications avec ou sans ventouses, et l'application des sangsues.

7. Comme par *saignée*, § 6, on entend le moyen qu'on emploie pour diminuer le volume du sang en ouvrant une *veine* ou une *artère* lorsqu'on se sert de la lancette, ou les vaisseaux cutanés lorsqu'on fait des scarifications ou qu'on applique des sangsues, il paraît naturel d'entrer dans les détails sur le *sang* et sur les vaisseaux qui le contiennent.

8. Le *sang* est cette liqueur homogène, rouge sortant de la veine, d'une couleur vermeille chez les enfans, foncée chez les adultes et d'une couleur plus intense chez les vieillards. A peine ce fluide est-il sorti des vaisseaux ouverts qu'il se sépare en deux parties, l'une solide et rouge, appelée caillot *coagulum;* l'autre jaunâtre et liquide, le *serum*.

9. D'après les différentes analyses chimiques qui ont été faites par MM. *Parmentier* et *Deyeux*, insérées dans un mémoire couronné par la société royale de médecine de Paris, il a été enfin démontré que le sang, en général, est composé de neuf parties principales, qui sont la partie *odorante*, la matière *fibreuse*, le *soufre*, la *gélatine*, l'*albumine*, la partie *rouge*, le *fer*, la *soude* et l'*eau*.

Les proportions de ces parties varient à l'infini, suivant l'âge, le tempérament et la manière de vivre.

D'après les recherches qu'ils ont pu faire sur le *sang* des malades attaqués de fièvre putride, ils se croient fondés à penser que le principe de la putridité n'existe pas dans le *sang*, ou que, s'il s'y trouve, il est tellement enveloppé qu'on ne saurait le reconnaître ni par des propriétés particulières, ni par des altérations produites sur le fluide présumé le contenir.

Il croient que la putridité réside plutôt dans la sueur, l'urine et généralement dans toutes les humeurs excrémentitielles, et que dans le degré d'altération où elles sont parvenues alors, leur séjour plus ou moins long dans l'individu malade suffit pour déterminer le désordre d'où résulte la maladie; tandis que le sang, ne participant point à cet état, conserve toujours la manière d'être qui lui est particulière.

10. Quels sont les organes qui font circuler le *sang*, § 9, du centre à la circonférence? Daprès *Harvei*, auteur de la découverte de la circulation, ces organes sont le cœur, les artères et les veines. Selon lui le sang est porté du cœur aux extrémités des artères qui s'abouchent avec les veines capillaires, et après être passé, sans aucun détour, des artères dans les veines, il retourne au cœur.

11. Plusieurs auteurs modernes doutent que la circulation harvéienne soit le seul mode de circulation. *Bordeu*, dans ses recherches sur le pouls, paraît la contredire, et insinuer que chaque organe a sa circulation particulière. *Fourcroy* semble être de son sentiment lorsqu'il dit, Mém. de la Société Royale de Médec., pag. 510, tom. V: « Le méca-
» nisme de la nutrition m'a toujours paru être
» traité d'une manière trop générale et trop vague
» dans les historiens des fonctions animales : on n'a

» point assez senti que chaque organe a sa manière
» propre de croître, de s'étendre, de se renouveler,
» de se nourrir, et surtout que chacun d'eux ne
» peut être nourri que par un suc d'une nature
» diverse. L'humeur qui forme et qui répare le
» tissu osseux, n'est pas la même que celle qui con-
» tribue à l'allongement et à l'entretien des plaques
» cellulaires, et celle-ci ne constituerait pas le tissu
» du cerveau; il faut donc qu'il en soit de même des
» muscles, et c'est sous ce point de vue que je vais
» les considérer.

» L'organe irritable, pris dans son ensemble,
» forme un département particulier du corps des
» animaux, aussi distinct que l'organe osseux,
» que l'organe vasculaire, que l'organe nerveux.
» Si c'est de l'action réunie et simultanée de ces
» différens systèmes organiques que résulte l'ani-
» malité, la partie contractile ou musculaire des
» animaux doit avoir sa manière propre de vivre,
» d'exercer ses fonctions, de soutenir son organis-
» me et de contribuer ainsi à l'entretien de la vie;
» mais il est en même temps nécessaire qu'il y ait
» dans les fluides animaux, une matière destinée à
» fournir à l'organe irritable, ce qu'il perd par ses
» effets et son activité continuels; cette matière est
» la partie fibreuse du sang, contenue dans ce flui-
» de, ainsi que toutes celles qu'il va distribuer aux
» différens systèmes organiques. Les muscles re-
» çoivent une très-grande quantité de sang, comme
» l'indique leur couleur, et comme l'injection le
» démontre. Ils séparent de ce fluide, la partie

» glutineuse qu'ils s'approprient et qui est bientôt » convertie en leur propre substance. Cette espèce » de sécrétion se fait avec d'autant plus de facilité, » que les canaux artériels qui se distribuent dans » les muscles, sont disposés de manière à ralentir » le cours du sang par leurs contours multipliés et » leur situation souvent rétrograde ».

12. Il suit de ce que nous venons d'exposer, § 10 et 11, que le corps humain se compose de solides et de fluides dont le parfait équilibre fait la bonne santé, et le défaut d'harmonie cause le dérangement, c'est-à-dire, que l'intégrité des organes, leur exercice libre, aisé et régulier, constitue la bonne santé. La lésion de ces mêmes fonctions, ou leur exercice pénible, désagréable, difficile, fait la maladie, que les anciens ont définie un combat des forces vitales avec le principe morbifique, en sorte que si les forces vitales opposent une résistance plus forte que l'action du principe morbifique, la santé doit en résulter; mais si l'obstacle est plus fort que le principe vital, le corps malade doit succomber et périr.

13. C'est à ce principe vital, que *Galien*, qui d'après Hippocrate le nomme *nature*, attribue la propriété d'apprendre à l'animal qui vient de naître, sans avoir eu besoin d'instruction, à chercher sa nourriture par l'action combinée d'une foule de muscles qu'il meut pour la première fois. C'est cette nature, en un mot, qui préside à toute l'économie vitale depuis la formation de l'animal jusqu'au moment de sa destruction, et qui le fait passer par tous les états

propres de son espèce, pour le conduire insensiblement au terme nécessaire de sa désorganisation, qui est la mort.

14. Le corps humain, comme être vivant, est susceptible d'être affecté de presque toutes les choses externes, telles que la chaleur, le froid, les alimens solides et liquides, les assaisonnemens, le sang, les humeurs qui en sont sécrétées et l'air. La santé ou la maladie naîtront donc de la manière d'agir de ces choses externes sur le corps humain : si elles agissent agréablement, la santé en résultera; si elles agissent désagréablement, la maladie s'en suivra.

15. Si le corps humain n'est affecté que dans une partie de ses organes, par les causes ci-dessus énoncées, §. 14, ce ne sera qu'une maladie locale; mais si toutes les parties du corps sont affectées, on devra regarder cette affection comme une maladie générale. La première devient générale, d'après une lésion locale; la seconde est générale, d'après l'affection du principe vital. Le traitement de la première est dirigé sur la partie malade; celui de la dernière, sur tout l'organisme.

16. Est-il des circonstances où le corps humain se trouve tellement surchargé d'humeurs, particulièrement de sang, qu'il faille en diminuer le volume? Existe-t-il des maladies qui obligent réellement d'employer la saignée? *Botal* prétend qu'on peut et qu'on doit saigner dans toutes les maladies, même dans les chroniques où la saignée paraît le moins indiquée. *Vanhelmont* croit qu'on peut se passer

de ce moyen, même dans les maladies aiguës. De ce conflit d'opinions sur la saignée, on pourrait être embarrassé sur le parti qu'on aurait à prendre dans certains cas où elle serait nécessaire. Mais, pour peu que l'on passe en revue les auteurs les plus célèbres tant anciens que modernes, on verra que la saignée a été un des premiers secours que tous les peuples ont mis en usage contre les maladies qui l'exigeaient; et de tous ceux qui l'ont mise en pratique, qu'il nous suffise ici de citer *Hippocrate*, qui parle souvent de la saignée et d'une manière qui fait connaître que depuis long-temps on la pratiquait avant lui, non-seulement sur la plupart des veines, mais encore sur quelques artères.

17. Quant à nous, depuis trente-deux ans que nous pratiquons, nous avons été à même de nous convaincre que de tous les remèdes que prescrit la médecine, il en est peu dont l'effet soit plus prompt, le succès si certain, l'administration si aisée. En effet, la saignée éteint la chaleur immodérée, calme la soif, apaise les mouvemens fébriles, modère les douleurs, relâche les solides trop tendus, enfin, mettant la nature à son aise, elle lui procure la facilité de se délivrer, par le moyen des crises, de l'humeur morbifique et de la maladie. Quoi que nous disions de la saignée, nous ne prétendons parler que de celle qui est faite à propos, puisqu'il n'y a pas de remèdes, fussent-ils spécifiques, qui ne soient capables de produire les accidens même les plus funestes, lorsqu'ils sont déplacés. Aussi *Baillou* fait-il bien sentir les inconvéniens de la saignée

faite à contre-temps, par ces termes : *Detractio sanguinis nisi si quandò res urgeat, spiritus exhaurit, vires exolvit, oculos hebetat, corpus siccat, maturam senectutem reddit* (1). Et dans un autre endroit il dit : *Considerare hoc oportet quoniam cùm non fiat sanguis nisi post multas easque difficiles mutationes; carnificis est, non autem medici ita liberaliter et parvâ de causâ, venam aperire, cùm sanguis naturæ thesaurus sit et amicus.*

18. Parmi toutes les causes qui dérangent la santé, §. 14, de l'animal, ne peut-il pas arriver que le sang, §. 8 et 9, en trop grande quantité, stimule trop fortement les vaisseaux, et provoque ainsi les maladies qui dépendent de la surabondance de ce fluide vital, et donne lieu à la pléthore particulière ou générale ?

19. La pléthore particulière a pour signes diagnostics, § 2, la tumeur, la rougeur, la douleur quelquefois pulsative d'une partie. L'épaississement du sang, et la consistance inflammatoire doivent être soupçonnés toutes les fois qu'avec une douleur fixe, le malade éprouve une fièvre aiguë, ce qui est un symptôme commun à toutes les inflammations extérieures. On n'en doute plus, si les symptômes sont graves, et le sujet pléthorique.

20. La pléthore générale se reconnaît par la chaleur intense des joues et la rougeur de la peau, les douleurs gravatives de la tête, les éblouissemens, les vertiges, la courbature, la force, la dureté et

---

(1) Ballou, lib. 1, de Urin. Hypost., p. 102.

l'embarras du pouls, à laquelle donnent occasion la nourriture abondante et recherchée, le peu d'exercice, les liqueurs spiritueuses, ou un violent exercice fait par un temps trop chaud.

21. Après avoir exposé, § 19 et 20, les différentes espèces de pléthore, il est convenable de nous occuper des moyens à employer pour remédier aux inconvéniens qui peuvent en résulter. Le principal de ces moyens se tire de la diminution du volume du sang, qui est en général indiquée, lorsqu'on remarque cette pléthore particulièrement chez les personnes d'un tempérament sanguin, qui se signale par un pouls un peu concentré, lent, un peu dur, et dont les battemens sont peu déployés ou peu étendus, et lorsque la personne de ce tempérament éprouve de l'accablement, l'impuissance d'agir, des lassitudes, une pente au sommeil, une roideur ou une peine à ployer les membres, et que le visage est plus rouge qu'à l'ordinaire. Il n'est pas nécessaire que ces symptômes soient parvenus à un haut degré pour en venir à la saignée. Il suffit qu'ils se fassent un peu remarquer pour y avoir recours, parce qu'elle peut prévenir des accidens très-graves, et que les sanguins la supportent facilement. Elle convient dans le cas d'obstruction violente et inflammatoire, formée dans quelques parties du corps que ce soit, dont les principaux signes sont la douleur, la tumeur, la rougeur, la chaleur, l'oppression, l'anxiété, la suppression des crachats, de la sueur et des urines. La saignée est encore indiquée chez les personnes qui ont l'habitude de se faire tirer du sang, ou qui éprouvent une sup-

pression, (chez les hommes) de flux hémorroïdaux, (chez les femmes) de flux menstruel.

22. La saignée est contre-indiquée lorsque les mouvemens volontaires et involontaires sont lents, que l'action du cœur et des artères languit, qu'il y a pâleur et sécheresse dans la peau, défaut de transpiration par faiblesse des extrémités vasculaires, cutanées, lorsque le pouls est faible, mou, petit et fréquent, causé par pénurie du sang, faute de nourriture substantielle; que la débilité de l'estomac ne permet pas de digérer, car dans l'état de grande faiblesse, l'estomac se contracte difficilement, les extrémités vasculaires n'y versent plus leurs humeurs, telles que le suc gastrique, la salive; les nourritures reçues dans ce viscère, ne s'y dissolvent pas. Expulsées, elles demeurent entières et sans altération dans le canal intestinal. De là le défaut d'appétit, la douleur de l'estomac et des intestins, leur distension, particulièrement de l'estomac, qui se termine souvent par le vomissement. Cette distension vient de l'excès de faiblesse et d'atonie des membranes, et se remarque souvent dans les indigestions. Nous avons vu des morts promptes survenir dans ces circonstances, chez ceux qu'on avait eu l'imprudence de saigner.

La saignée ne convient pas non plus dans le cas de spasmes et de mouvemens convulsifs survenus à une longue maladie et après un exercice forcé et long-tems continué, ou qui doivent leur origine à une cause morale, lorsqu'ils sont sans fièvre; alors on peut regarder les spasmes comme dus à la faiblesse, selon le sentiment d'*Hippocrate*, *convulsio ab inanitione*. La saignée ne convient pas non plus aux hommes qui éprouvent des pertes de liqueur séminale, sans provocation, et toutes les fois que les pores de la peau sont tellement relâchés qu'ils laissent échapper les sucs nourriciers, ni à ceux qui ont des tintemens d'oreille; en un mot, elle ne convient pas dans le cas d'épuisement, soit de travail, soit d'excès vénériens, ni à ceux qui sont d'un âge avancé, à moins qu'il n'existe des symptômes qui exigent la saignée; car il arrive souvent que des vieillards sont disposés à l'apoplexie par pléthore sanguine, ou à cause de l'épaississement du sang, en sorte qu'il nous est arrivé de faire appliquer, avec succès, les sangsues à un octogénaire qui avait depuis long-temps la tête embarrassée jusqu'à l'aliénation.

PREMIÈRE PARTIE.

23. Après avoir posé les principes généraux, § 1 à 23, nous allons entreprendre de résoudre la question qui concerne l'application ou la non application de la saignée dans les fièvres intermittentes, qui font l'objet de la première partie du mémoire, comme nous en avons prévenu au commencement de cet ouvrage. Nous nous efforcerons d'expliquer de notre mieux, ce qu'on doit entendre par *fièvre* en général.

24. Pour peu qu'on soit versé dans la pratique médicale, on ne pourra pas disconvenir que, de tous les maux qui affligent l'espèce humaine, la

fièvre soit un des plus communs; aussi forme-t-elle, au jugement de Sydenham, les deux tiers de la masse totale des maladies, *febris duas*, selon lui, *à tribus, in medicinâ faciendâ, partes occupant.* Syden., épist., resp. 1.

25. Qu'entend-t-on par fièvre? Si on fait attention à son étymologie, la fièvre vient du mot grec πυρ, qui signifie feu. On pourrait croire, d'après ce mot, que les anciens attribuaient la fièvre à un excès de chaleur qui proviendrait d'un accroissement de vitesse dans le mouvement progressif du sang, causé par une humeur qui lui est étrangère, et qu'il s'efforce d'expulser.

26. Cet effort peut être continu ou interrompu : s'il est continu, ce sera une fièvre continue ; s'il est plus marqué à un certain temps, ce sera une fièvre continue avec redoublement.

27. Quand l'effort est interrompu et qu'il arrive périodiquement, c'est une fièvre intermittente dont l'espèce est déterminée par l'intervalle des accès.

28. Ces intervalles ne viennent pas d'une propriété particulière de la cause morbifique, mais seulement de variations de son intensité, qui font que la fièvre intermittente présente des intervalles de rémission plus ou moins longs, ce qu'elle a de commun avec bien d'autres affections, telles que la goutte, l'asthme, etc., qui ne conservent jamais une égale intensité, mais s'interrompent par fois, et souvent, après un intervalle de santé, reviennent avec plus de violence.

29. Cela posé, il paraîtrait que les fièvres intermittentes et continues seraient régies par la même

loi, reconnaîtraient le même principe et les mêmes causes premières.

30. On distingue, en général, les fièvres en intermittentes et en continues. Les intermittentes vont faire l'objet de notre occupation, et nous les distinguerons en bénignes et en malignes ou pernicieuses.

31. Les fièvres intermittentes se reconnaissent par les trois temps de leur exacerbation : 1°. le temps du frisson ; 2°. celui de la chaleur ; 3°. celui de la sueur. Après que la fièvre est passée ou calmée pour quelque temps, les accès se reproduisent par une nouvelle exacerbation. Ils n'observent presque jamais de terme fixe dans leur retour ; mais ils avancent quand la maladie est plus grave, ils reculent quand elle l'est moins. Assez souvent les fièvres prennent peu à peu, dans leur cours, le type rémittent et même continu. Au contraire, elles passent avant de cesser, quelquefois d'elles-mêmes, au caractère de quartenaire, quintenaire, de septenaire, etc.

32. La fièvre intermittente qui revient tous les quatre jours, se nomme *quarte* à cause de cela. Elle est plus douce que celle qui arrive tous les trois jours et qui, en conséquence, s'appelle *tierce*; et celle-ci, plus douce que la *quotidienne*, ainsi nommée, parce qu'elle revient tous les jours. La maladie est plus grave lorsqu'elle a dégénéré en rémittente ou en continue, que quand les accès laissent entre eux de plus longs intervalles.

33. Chaque accès commence par une sensation

de froid qui est précédée d'extensions forcées des membres, de bâillemens fréquens, de la pâleur des lèvres, de la lividité des ongles. Le froid qui succède à ces symptômes, est si remarquable, qu'il a attiré à lui seul l'attention des observateurs. Il est en effet si grand, qu'il va jusqu'au frémissement universel de la peau, au tremblement des membres, au claquement des dents : c'est un froid si intense qu'il produit une sorte d'insensibilité de la peau; car il arrive souvent que le malade se plaint plutôt d'être brûlé que de se sentir réchauffé ; chose étonnante pour la pratique ! quoique le malade se plaigne d'un froid insupportable, cependant sa chaleur ne laisse pas d'être ordinairement plus grande que dans l'état de santé. *Martine* rapporte que « dans le » commencement d'accès de fièvre intermittente » où il était tremblant et ressentait le froid le plus » vif, la chaleur était de deux ou trois degrés plus » grande que dans l'état naturel ». *Degrés de chal. cent. nat. des animaux, pag.* 194. *Dehaen* a observé que dans des frissons de fièvre avec tremblement, et une sensation de froid insupportable, la chaleur surpassait de quatre ou cinq degrés la chaleur naturelle : *Prat. méd., part. XI, tom. VI, pag.* 23.

34. La chaleur succède aux frissons et dissipe peu à peu ses effets. Le cœur et les artères, excités peu à peu par cette même chaleur, prennent de nouvelles forces, et après avoir développé plus d'énergie dans les extrémités artérielles, et dissipé le symptôme le plus nuisible, le *froid*, ces organes réta-

blissent la chaleur dont les effets sont salutaires, puisqu'elle relâche les solides, rend le sang et les humeurs plus coulans, augmente le mouvement intestin dont elles sont agitées, afin de produire la coction de l'humeur fébrile qui paraît prendre, dans les fièvres intermittentes, la voie des pores de la peau, puisqu'à la chaleur succède la sueur.

35. La sueur, qui a coutume de terminer l'accès fébrile d'une fièvre intermittente, est *critique* ou *symptômatique*. La sueur *critique* est celle qui diminue l'accès suivant; la sueur *symptômatique*, au contraire, augmente le paroxisme.

36. On peut inférer de ces périodes différens, qu'une fièvre intermittente peut être regardée comme une courte maladie, dans laquelle on remarquera trois temps différens, dont le premier, le *froid*, pourrait passer pour le *commencement*, suivant l'expression des anciens, et le temps d'*irritation*, selon les modernes; le second période, qui est la chaleur, serait l'*état* ou le temps de la *coction*; et la sueur, le temps de la *déclinaison* ou celui de la *crise*.

37. Nous avons parlé, § 36, de l'*irritation*, de la *coction* et de l'*excrétion*, que les modernes ont substituées à la place de la division que les anciens avaient admise dans les maladies, qui était le *commencement*, l'*augment*, l'*état* et le *déclin*.

38. Le *commencement*, selon Hippocrate, était les premiers jours de la maladie; l'*augment* était le temps où la maladie acquérait en croissant plus d'intensité, jusqu'à l'état qui était regardé par lui

comme le plus haut période de la maladie ; le *déclin* était celui où les symptômes de la maladie diminuaient.

39. *Hippocrate* entendait par *crise*, le moment où la maladie se jugeait en pis ou en mieux, et le résultat de la crise était regardé par lui comme la *coction*. On ne peut énoncer ce mot sans supposer une humeur ou une matière quelconque, qui est le produit du travail de la nature ou des forces vitales, qui se porte tantôt à la peau, sous la forme de sueurs, tantôt au canal intestinal sous celle d'une diarrhée, tantôt à la vessie, sous l'aspect d'une urine épaisse, déposant un sédiment après quelques momens de repos.

40. Selon l'auteur ci-dessus cité, les crises sont annoncées quatre jours avant qu'elles arrivent, et il appelait ces jours *indicateurs* et les jours critiques *judicateurs*.

41. Il jugeait que les crises étaient bonnes lorsqu'elles arrivaient les jours impairs, tels que le onze, le quatorze (parce qu'il regardait le quatorze comme le septième jour du premier septénaire), le dix-sept, le vingt et un, etc.

42 et 43. *Solano* pense que l'intention d'Hippocrate n'a pas été de s'attacher, à la lettre, aux jours impairs, pour juger les maladies, puisqu'il avance positivement que les jours critiques peuvent tomber tous les jours de la maladie, soit pairs, soit impairs, ce qui paraît démontré par ce passage. *Morbos qui paribus exacerbantur, paribus judicari, quorum*

verò exacerbationes in imparibus contingunt, eos in imparibus judicari.

44. Si l'on veut se convaincre de la vraie doctrine d'Hippocrate et voir qu'il n'était pas asservi au nombre impair, comme plusieurs auteurs l'ont prétendu, on peut feuilleter ses ouvrages ; on s'assurera qu'il cite des maladies terminées, les unes en un jour, telle que la fièvre éphémère ; d'autres en deux, comme des angines, qu'il a vues mortelles les unes le premier, les autres le second, *Prænot., lib., pag.* 467 ; d'autres, en trois jours, telles que la femme de *Thase*, qui eut une fièvre violente avec des convulsions, et qui fut guérie la nuit du trois, par des sueurs copieuses. *Morb. pop. lib.* 3, *sect. ægr.* 2. Aussi tous les jours de suite, jusqu'au vingt et un et au-delà.

45. Lorsque nous parlons de *crises* dans les maladies, nous n'entendons parler que des inflammatoires ou humorales, où l'on observe ordinairement des crises, tandis qu'on n'en remarque pas dans les maladies spasmodiques ou nerveuses.

46. Comme nous avons exprimé le mot *crise*, § 39 à 46, nous avons cru devoir entrer dans quelques détails sur ce mot, ce que nous étant efforcés de faire, nous allons revenir maintenant à l'article des fièvres intermittentes, § 27 à 39 ; et nous disons relativement à elles, que nous entendons par fièvre intermittente bénigne, celle où on remarque une rémission parfaite après l'accès, c'est-à-dire, celle où les paroxismes sont séparés entre eux par des intervalles, durant lesquels le malade est absolu-

ment sans fièvre ; et nous appelons fièvre intermittente maligne ou pernicieuse, celle où le malade n'est pas absolument sans fièvre.

47. La plus courte des fièvres intermittentes est l'*éphémère*, ainsi appelée parce qu'elle ne dure qu'un jour, c'est-à-dire que le paroxisme de cette fièvre dure vingt-quatre heures.

48. La *fièvre tierce*, bénigne ou régulière, § 26, est celle qui a un jour de bonne santé, sur deux jours.

49. La *double tierce* est celle qui revient tous les jours, mais qui a un accès plus fort que l'autre, qui correspondent alternativement l'un avec l'autre, en sorte que si le plus fort accès tombe le lundi, celui du mercredi sera le même que celui du lundi, et celui du jeudi, qui sera l'accès le moins fort, ressemblera à celui du mardi.

50. On sait que la fièvre quarte, § 32, est celle qui revient tous les quatre jours, en comptant le jour de l'accès même, qui laisse deux jours d'intervalle. Assez ordinairement cette fièvre se termine sans sueur, ce qui la distingue des autres fièvres intermittentes qui finissent par des sueurs.

51. Lorsque les accès d'une fièvre intermittente se succèdent les uns aux autres, de manière que le suivant commence avant que le précédent soit fini, on peut en conclure que la maladie n'est pas simple, par conséquent, qu'elle est compliquée et du genre pernicieux. Par exemple, la double quotidienne est celle qui a deux paroxismes en vingt-quatre heures. On peut alors la regarder comme une fièvre *subin-*

trante. Elle diffère de la double tierce en ce que les paroxismes ont tous les jours la même longueur, la même intensité qu'on avait remarquées dans les accès de la veille.

52. D'une fièvre quotidienne et d'une tierce unies ensemble et dont les accès sont très-forts de deux jours l'un, il résulte une maladie composée, que Galien a nommée *hémitritée*, qui veut dire demi-tierce, parce que le grand frisson de la fièvre tierce se trouve comme adouci par l'influence de la fièvre quotidienne.

53. La fièvre *continue rémittente* est la combinaison d'une fièvre intermittente avec une fièvre continue. Aussi *De Sauvage* définit-il une fièvre rémittente, une fièvre intermittente entée sur une fièvre continue.

54. Selon *Colombier*, les fièvres décrites sous le nom de *subcontinues*, de *subintrantes*, ne méritent pas de rester parmi les intermittentes, puisque ces maladies sont de vraies rémittentes putrides ou malignes, qui tirent leur indication du génié de la maladie qui peut être inflammatoire, putride ou bilieuse. Nous nous réservons d'en faire mention dans la seconde partie du mémoire, à l'article qui concernera les fièvres malignes.

55. Excepté dans le cas décrit par *Grant* (dans son ouvrage intitulé, *Recherches sur les Fièvres*, *page* 108), que nous avons rencontré plusieurs fois dans notre pratique, et qu'il exprime en ces termes : « Il y a deux sortes de mal de tête, l'un est spas-» modique et accompagne tout le frisson ; l'autre

» est inflammatoire, commence et s'accroît avec la » chaleur fébrile. Il ne se passe pas en entier avec » la crise, mais se fait sentir de temps en temps » durant l'intervalle, et je l'ai vu dans toute sa » force après que la fièvre eut été arrêtée par le » quinquina. Il faut distinguer avec soin le pre» mier (mal de tête) du second, parce que le trai» tement en est opposé. Le premier s'enlève avec » les fébrifuges, et le second par les saignées seules. » Ni vomitifs, ni purgatifs, ni vésicatoires n'y fe» ront rien. J'ai vu tout cela employé en vain, et le » symptôme guéri par la saignée. Il y a donc un » cas où la saignée devient nécessaire dans une » fièvre d'accès formée, même dans le temps de la » moisson. Il est plus fréquent dans les doubles» tierces; les accès après la saignée en deviennent » plus doux et les intervalles communément plus » longs. Quelquefois après la saignée une des tierces » disparaît; ce n'est plus qu'une fièvre d'accès sim» ple. Jamais je n'ai vu non plus la saignée pré» judiciable quand le pouls conservait quelque » dureté, que les intervalles devenaient plus courts » et que l'on risquait de voir cesser l'intermit» tence, etc. »

56. Excepté ce cas, disons-nous, §55, nous croyons, en général, que la saignée ne convient pas dans le traitement des fièvres intermittentes, puisqu'elles ont coutume de céder à l'usage d'un des plus puissans toniques qui existe dans la nature, qui est le quinquina. Ce qui induit à penser qu'elles ont toutes, pour l'ordinaire, pour principe, le relâche-

ment de la fibre, la diathèse débilitante, par conséquent, la diminution des forces vitales, ce à quoi contribuent les automnes froids et humides, les hivers pluvieux, les endroits entourés de marais (1), vraies sources de fièvres intermittentes.

---

(1) Comme nous en avons été témoins, dans une commune du département de l'Oise, située dans une vallée environnée de marais et où il régnait une atmosphère d'autant plus humide qu'une petite rivière avait été exhaussée à huit pieds au-dessus de son niveau primitif, pour faire tourner un moulin. Les eaux arrêtées dans leur cours, en stagnation dans ces marais, étaient devenues la cause de l'insalubrité de l'air de cette commune, et avaient donné lieu à une épidémie de fièvres intermittentes, qui dura sans interruption pendant trois ans, et qui ne cessa qu'à l'époque où les habitans prirent sur eux de renverser la digue qui retenait le cours de l'eau de leur rivière.

Cette épidémie consistait en fièvres intermittentes *quartes*, *tierces*, *doubles-tierces* et *quotidiennes*.

En effet, le voisinage des marais a été de tout temps regardé comme pernicieux à la santé en raison des vapeurs humides, malsaines qui s'en exhalent; l'air en étant imprégné, les individus qui le respirent ne manquent pas d'en éprouver les funestes influences. De là les fièvres intermittentes que l'on observe communément dans les pays aquatiques. Témoin la Hollande sortie des eaux par l'industrie des habitans, et où l'on respire un air humide; on sait que parmi les soldats français qui s'y sont si glorieusement introduits, il en est peu qui n'aient été attaqués de la fièvre intermittente.

Grant a observé que les soldats de l'armée anglaise qui étaient attaqués de la fièvre dans le même pays, ne s'en débarrassaient qu'en quittant la Hollande pour respirer un air moins aquatique.

On n'ignore pas que les braves gardes nationaux de l'empire

57. Le froid altère le ressort des solides et le mouvement des liqueurs, il supprime la transpiration en resserrant les pores cutanés, et il donne lieu à l'absorption des vapeurs insalubres disséminées dans l'air.

Si on lit *Bartholin*, sur l'épidémie de Copenhague, en 1652; *Huxam*, sur les maladies de Plimouth; *Hoffman*, sur les fièvres qui ont régné en Allemagne et en Prusse, on se convaincra que la chaleur, jointe à l'humidité, rend les fièvres intermittentes putrides et pétéchiales. Plus le froid se fait sentir de bonne heure, plus les maladies d'automne se déterminent en fièvres régulières. Plus les chaleurs du printemps sont précoces, et plus les fièvres d'accès ont de penchant à dégénérer en continues.

---

français (qui ont séjourné dans l'automne de 1809, dans l'île de Cadzan, lors du siége de Flessingue), qui buvaient l'eau fangeuse de cette île, et qui se nourrissaient d'alimens de mauvaise qualité, ne tardaient pas à prendre la fièvre intermittente, qui devenait bientôt pernicieuse et qui a été funeste à la plupart de ceux qui n'ont pas changé d'air, trouvé d'eau plus saine et d'alimens plus convenables. On remarque en effet que dans les lieux froids et humides, la classe la plus indigente du peuple, qui est mal vêtue et manque des choses nécessaires à la vie, est presque seule attaquée de cette maladie, tandis que ceux qui font bonne chère et boivent des vins généreux, échappent à cette espèce de fièvre: ce qui prouve qu'elle ne dépend pas seulement de la chaleur, du froid ou de l'humidité, mais qu'elle reconnaît aussi pour cause la pénurie du sang par défaut de nourriture de bonne qualité.

58. Nous nous croyons fondés à conclure cette première partie de notre mémoire, d'après tout ce que nous avons avancé sur les fièvres intermittentes, depuis le § 24 jusqu'au § 58, en disant que dans la plupart de ces fièvres, excepté chez les femmes enceintes, les jeunes gens évidemment pléthoriques, § 21, ceux qui ont coutume de se faire tirer du sang, et le cas cité ci-dessus, § 55, la saignée y est, en général, contre-indiquée.

SECONDE PARTIE.

59. Nous avons établi les principes généraux, § 1 à 23. Nous avons parlé des fièvres intermittentes, § 23 à 58. Nous avons spécifié les cas où la saignée convenait, § 55, et tiré la conclusion sur la saignée, dans les fièvres intermittentes, § 58. Nous allons maintenant faire nos efforts pour répondre à la seconde division de la question, qui consiste à savoir « quels sont les signes qui indiquent ou contre-indiquent la saignée dans les fièvres continues, putrides ou *adynamiques*, et malignes ou *ataxiques* ».

60. La plus simple (1) des fièvres continues, est

---

(1) Febris sanguinis d'Avicenne, cap. 11, p. 43.
Synocha inflammatoria Hernii, *de febr.*
Synocha plethorica, Sydenh. *Oper. omn.*, *p.* 298.
Synocha sanguinea, Sennert, lib. 2, cap. 8.

la synoque qui ne dure quelquefois que quatre jours, le plus fréquemment sept, ou change de nature et prend le caractère de putride. Elle se prolonge quelquefois jusqu'au quatorze et même jusqu'au vingt. La synoque débute sans prélude ; il n'y a ni bâillemens, ni pandiculations ; on se sent lourd, on a des éblouissemens, la tête est pesante, la langue est rouge, sans être sèche, la respiration est gênée, on éprouve une espèce de fourmillement dans les membres ; le ventre est ordinairement resserré ; les urines, dans les premiers jours, sont à peu près dans l'état ordinaire ; le pouls est ordinairement fort, plein, dur et fréquent, souvent inégal, la peau est chaude, et la sueur n'exhale pas une mauvaise odeur ; elle peut être très-abondante, sans qu'on y observe d'âcreté. Cet état dure à peu près de quatre à sept jours, et on aperçoit vers le quatre, un suspensum dans les urines, et un sédiment vers le septième, qui est ordinairement un signe de la cessation de la fièvre. La synoque se termine aussi quelquefois par un saignement de nez, par l'éruption des règles chez les femmes ; le plus souvent par une sueur générale.

61. Mais si à cette fièvre se joignent des symptômes de putridité, alors elle se prolonge au-delà du

---

Synocha simplex, Hoffman, *de febr.*, *lib.* 2, *cap.* 3.
Febris continens, Stahl.
Fièvre inflammatoire, par la plupart.
Phlegmose pyrétique. Baume. *Fondem. de la science angioténique;* Pinel, *Nos. Philos.*, *p.* 3.

septième jour, les symptômes deviennent plus graves; la langue est plus sèche, rouge et comme brûlée, une douleur plus ou moins vive se fait sentir dans quelques parties, elle varie suivant la forme de l'endroit affecté, l'étendue et le caractère de l'inflammation, et les qualités de la cause qui la produit; le siége de la douleur et de la chaleur, la lésion des fonctions indiquent la partie affectée. Le sommeil est agité, le malade a du délire, il devient sourd, ou il y a assoupissement, mouvemens convulsifs chez les enfans d'un âge tendre, et chez les adultes très-irritables. On y observe de la constipation, d'autres fois, du dévoiement; les urines sont rares, foncées en couleur. La synoque, alors, se termine le quatorze, quelquefois le vingt, par des déjections très-abondantes, des dépôts purulens externes. Dans les cas graves, il arrive des métastases ou des abcès internes.

62. Cette fièvre reconnaît pour causes prédisposantes un tempérament sanguin, une construction du corps replète, le passage d'une vie active et laborieuse à une vie oisive et sédentaire, la suppression d'une évacuation sanguine quelconque, les nourritures trop succulentes, l'abus des liqueurs spiritueuses; le froid, les intempéries de l'air, les vicissitudes de chaud et de froid, l'insolation, la trop grande chaleur, les violens exercices, les veilles, la trop grande application d'esprit, les passions de l'âme, sont autant de causes qui donnent lieu à la fièvre synoque simple ou putride. Les personnes les plus sujettes à cette fièvre sont les

pléthoriques, § 17, les jeunes gens qui prennent leur accroissement et ceux qui usent d'alimens trop échauffans.

Les saisons où cette fièvre règne le plus communément sont le printemps et l'été.

63. Cette fièvre a eu lieu dans notre hospice et dans la ville que nous habitons en 1787. Elle avait tout à la fois le caractère inflammatoire et putride, et a été contagieuse dans l'hospice. Quatre dames hospitalières l'ont contractée en donnant leurs soins aux malades qui en étaient atteints.

64. Elle paraît avoir été occasionnée par les longues pluies du mois de juillet, jointes à la chaleur de la saison, qui avaient apparemment disposé le sang à s'enflammer et les humeurs à la putridité, et fait éclore cette fièvre dans le courant d'août, d'abord sur les habitans les plus indigens, et elle s'est propagée sur les personnes de l'un et de l'autre sexe, et de différens âges.

65. Comme la plupart de ces fièvres débutaient par un grand mal de tête, la saignée du pied a procuré un prompt soulagement, et à l'aide de l'émétique peu de temps après la saignée, des boissons acidules, délayantes, légèrement émétisées, des purgatifs minoratifs selon l'indication, cette fièvre s'est terminée heureusement le quatorze, le dix-sept, le vingt-et-un.

66. *Galien* fit saigner un jeune homme attaqué de cette fièvre, jusqu'à la défaillance. *Stahl* se dispensa de ce moyen en pareille circonstance, et il vit la maladie se terminer heureusement. Puisqu'il

est reconnu que la synoque se termine quelquefois par des abcès externes ou internes, qui sont le produit de la suppuration, laquelle est le résultat de l'inflammation, il nous paraît qu'il est plus prudent de recourir à la saignée que d'exposer la vie des malades par une dangereuse expectation.

67. Lorsque nous avons à traiter cette fièvre, nous nous informons si le malade éprouve de violens maux de tête; s'ils vont en augmentant jusqu'au quatrième jour, nous jugeons qu'il y aura plus d'intensité le septième jour, en conséquence nous ne balançons pas à faire tirer du sang. Mais si ce symptôme ou tout autre qui menacerait la poitrine ou le bas-ventre, n'existe pas, nous n'avons pas recours à ce moyen, nous contentant d'employer ceux qui sont propres à calmer l'effervescence du sang et la trop grande irritation qu'il produit sur les vaisseaux.

68. Il est une maladie qui approche beaucoup de la synoque, puisque c'est, comme elle, une fièvre continue sans rémission, et qui n'en diffère que par la violence des symptômes. Cette maladie est la *fièvre ardente* ou *causus* des Grecs. *Fernel* paraît être du sentiment que cette fièvre ne s'éloigne pas infiniment de la synoque, lorsqu'il dit, à l'occasion du traitement de cette maladie : *Præstanda quidem aqua frigida, quâ nihil ad infringendum calorem valentius, sed et ipsa quoque synochi, causi, aliarumque continuarum ardentium peculiare est remedium.* Febr. curand. meth. gener., p. 308.

69. Cette fièvre a été souvent prise pour une

fièvre inflammatoire ; mais la fièvre ardente diffère essentiellement de cette dernière, et elle paraît avoir quelque rapport avec les fièvres bilieuses; cependant la marche en est moins rapide et les symptômes moins violens que dans la fièvre ardente. Dans cette fièvre pernicieuse, toutes les fonctions sont lésées, quelquefois tout à coup et en même temps.

70. Elle débute assez ordinairement par un frisson, auquel succède une chaleur vive, sèche, qui se manifeste quelquefois plutôt intérieurement qu'extérieurement. La peau et les extrémités sont presque froides, tandis que l'intérieur brûle, *extrema algent*, *manus frigent*, *sed palmæ perquàm calidæ*, dit Aretée. D'autres fois, la chaleur est égale par tout le corps, ce qui est une meilleure marque.

Dès le principe, on remarque quelquefois des vomissemens de matière bilieuse verte pure, ce qui est, selon *Hippocrate*, d'un funeste présage; d'autres fois ils sont de matière bilieuse, jaune; souvent il n'y a que des nausées, un dégoût général, surtout pour les substances animales. Les matières sont si âcres qu'elles paraissent excorier l'œsophage, lorsque le malade les rend par le haut. Il se manifeste quelquefois un cours de ventre abondant dont les matières semblent brûler le *rectum* : cette diarrhée est regardée par les uns comme salutaire, et par d'autres, comme prématurée et de mauvais augure. *Alvus in febre ardente affatim prorumpens mortis periculum affert.* Coac. prænot. Ce dévoiement affaiblit le malade et est un signe d'altération des humeurs, particulièrement de la bile. Il serait cependant dangereux de l'arrêter, car alors il pourrait causer la frénésie, l'inflammation ou la gangrène des intestins. D'autres fois, le ventre est resserré, le pouls est dur et fréquent, la respiration un peu gênée, surtout dans le temps du redoublement, avec une petite toux sèche qui quelquefois s'accompagne d'une douleur pleurétique, quelquefois sans douleur. Le malade est tourmenté d'une soif inextinguible, il aime à boire froid, les boissons acidules lui plaisent; il a grand mal à la tête, il se plaint de ne pas dormir. Le troisième jour, un paroxysme violent a lieu avec ou sans frisson. Les redoublemens arrivent quelquefois, suivant *Hippocrate*, tous les jours ou les jours pairs. Les yeux, les narines, les lèvres, la langue, la gorge sont secs; le délire survient; une douleur et une chaleur se font sentir à la région de l'estomac et des hypocondres, surtout du droit, et le hoquet se manifeste. Les urines sont rares, chargées, rouges, jaunes comme dans la jaunisse, noirâtres; elles deviennent quelquefois tout à coup fort claires, elles annoncent alors le délire et augmentent le danger. *His quos occupat febris ardens urina est pessima multùm alba.* Il survient des hémorragies mortelles, il arrive des parotides, le hoquet, la jaunisse, un flux de ventre abondant de matières séreuses, fétides, ou le ventre est resserré; l'urine est peu abondante, tenue, brûlante, noirâtre, sanglante. Le malade tombe dans l'assoupissement et quelquefois dans des convulsions, dans des tremblemens ou dans un délire frénétique; il n'éprouve presqu'aucune sensation, il perd même celle de la soif, *omninò autem malum denunciat quæ in acutâ febre immeritò sitis extincta est.* Hipp. Prænot. Duret., pag. 35.

Tous ces symptômes sont regardés comme mortels, et alors le malade termine sa vie le quatrième jour, ou au plus tard le sixième.

71. Lorsque la fièvre ardente se termine heureusement, la crise arrive rarement le quatrième jour, mais fréquemment le septième, quelquefois le onzième ou le quatorzième; alors elle dégénère en fièvre intermittente, lente, hectique ou maladie de langueur. La crise heureuse a lieu par une hémorragie, par le vomissement, la diarrhée, les sueurs, les urines, les crachats épais et les hémorroïdes; le redoublement critique, par des signes de coction dans les urines : il est précédé par un froid assez violent.

L'évacuation critique, pour être parfaite, doit être copieuse, *nil paucum criticum;* lorsqu'elle est peu abondante le dépôt est à craindre, ou elle peut dégénérer en une autre maladie. Les matières évacuées doivent avoir de la consistance. *Excrementum spissari oportet dùm itur ad crisim.* Duret, in Coac. Hipp., p. 294. Si elles sont trop séreuses, elles indiquent une coction imparfaite, *ut enim crassescant excrementa, sic cruditate manent tenuia.* Duret, in Coac. Hipp., p. 519.

72. La cause de la fièvre ardente est l'abus des

liqueurs spiritueuses, l'excès du travail, la trop grande chaleur, la soif long-temps supportée, les excès vénériens, une fatigue excessive, surtout l'été.

Elle affecte le plus souvent les jeunes gens robustes, maigres, d'un tempérament chaud, bilieux, sec.

73. Le traitement exige un air pur, frais, souvent renouvelé; il demande la diminution de la grande chaleur dont les malades sont consumés, par l'usage des rafraîchissans, des délayans et des acidules.

La saignée, si des indices de pléthore l'exigent, n'est praticable que dans le commencement. Il existe à son égard une diversité d'opinions parmi les auteurs. *Hippocrate* n'en parle pas; *Galien* faisait tirer du sang dans la fièvre ardente, *usque ad animi deliquium; Hoffmann* blâme la saignée; *qui ardentibus autem veris aut exquisitis eâdem (sanguinis missione) non opus, ut potiùs noceat.* De Febr. ardent. pag. 111. *Wanswieten* avertit que la saignée demande la plus grande circonspection: *magnâ hìc cautelâ, cùm aliquandò venæ sectio nocere possit.* Comment. in aphor., pag. 743. Boher. 449.

74. Nous venons d'avoir un jeune homme âgé d'environ trente-six ans, *egregiè potator*, attaqué de cette espèce de fièvre qui débuta par une violente hémorragie du nez, avec déjections par haut et par bas d'une bile verte, noirâtre. Le troisième jour, il eut une crise qu'il eut beaucoup de peine à supporter; elle consista en un violent tremble-

ment qui alla jusqu'aux convulsions; les extrémités étaient froides, on fut obligé de le réchauffer avec des linges chauds; il avait du délire; ce violent redoublement lui fut salutaire, selon l'observation d'*Hippocrate, causus rigore superveniente solvitur*, Coac. prænot., Duret, pag. 13, et selon le même auteur dans cet aphorisme, *qui ardente febre correptus est, si superveniat rigor à morbo liberatur*, Aphor. 58, sect. IV. Le jeune homme avait été saigné le second jour; l'hémorragie et les évacuations par haut et par bas durant toujours, on lui appliqua les vésicatoires; le quatrième il se trouva mieux, et le septième il était hors de danger, après quoi il entra en convalescence; il est aujourd'hui bien rétabli.

A la fin de l'hiver, le printemps et l'été de 1769, il régna une épidémie de fièvre ardente miliaire dans vingt-quatre communes du département de l'Aisne. La saignée du pied a été employée sur plusieurs malades, et le médecin qui traita cette épidémie rapporte dans son mémoire que « presque » tous ceux qu'on n'avait pas saignés mouraient. » Lorsqu'on allait les inhumer, on suivait leurs » cadavres à la trace du sang qu'ils rendaient encore » abondamment par le nez et par la bouche », page 31, 32 du mémoire de cette épidémie, cité par *Lepecq de la Clôture*, dans ses observations sur les maladies épidémiques, pag. 342. Le dernier auteur rapporte l'exemple d'un homme qui fut saigné avec succès dans une fièvre ardente. *Épidem. de Louvier*, pag. 310.

75. La fièvre putride est une fièvre continue qui

n'est pas si violente que la fièvre ardente; elle ne se termine pas aussi promptement; ses principaux symptômes sont l'odeur infecte des excrémens, de la sueur et de toute la personne attaquée de cette fièvre, la chaleur vive et mordicante de la peau, *non statìm admotâ manu percipitur, at per moram ex penitioribus partibus affertur prædictæ calidatis species quæ appositam manum pungit, ut quispiam diceret, atque erodit instar medicaminis acris,* etc., Galen. de Differ. febr., lib. I, cap 7. Un limon épais et sale sur sa langue, qui devient après sèche et dure, brune ou noirâtre; un goût détestable dans la bouche, un dégoût pour les alimens du règne animal, diarrhée, prostration de forces, éruptions pétéchiales, *petechiæ* (1), des raies

---

(1) *Fracastor*, de morbis contagiosis; *Eller*, de cognoscend. et curand. observ., § 6, p. 119. *Sennert* et autres ont fait une classification des exanthèmes suivant leur nature, leur figure et leur grandeur.

Lorsque l'éruption arrive et que, semblable à du millet, elle s'élève sur la peau; qu'au premier ou second jour, il se forme de petites vésicules jaunes et qui se dessèchent sous la forme d'écailles, on appelle cette éruption pourpre rouge.

Le pourpre blanc diffère peu du pourpre rouge: dans le premier les vésicules sont jaunes; dans celui-ci elles sont blanches. Les fièvres qui développent ces éruptions ont pris le nom de fièvres miliaires, fièvres pourprées.

Si les vésicules sont bien transparentes, plus petites et en plus grand nombre, elles prennent le nom de pourpre vésiculaire. (C'est l'espèce la plus maligne).

Les pétéchies ne soulèvent point la peau, mais elles pade même couleur, *vibices*, elles paraissent en plus grand nombre sur la poitrine et sur le dos que sur les extrémités, et presque jamais sur le visage ; ces pétéchies sont funestes lorsque la peau est marbrée, lorsqu'elles sont bleues ou livides; alors elles s'accompagnent d'hémorragie qu'on ne peut arrêter; elles disparaissent quelquefois pour se montrer de nouveau : leur éruption prématurée, c'est-à-dire, le quatrième ou cinquième jour, est toujours d'un mauvais augure ; elle ne se fait ordinairement que depuis le septième jusqu'au quatorzième jours; on ne doit pas la regarder comme critique ; il n'en est pas de même des éruptions qui s'élèvent au-dessus de la peau, comme les pustules miliaires blanches, qui, suivant *Huxam*, succèdent quelquefois aux taches pétéchiales le onzième et le quatorzième jours, après de grandes sueurs, comme aussi une espèce d'exhantême rouge démangeant, des gales autour des lèvres et du nez, de grandes cloches faciles à s'écorcher sur le dos, les épaules, la poitrine et ailleurs.

Douleur de tête, sommeil fatigant, agité par des rêves, pouls tout à la fois faible et fréquent, respiration gênée ; ces symptômes augmentent après le premier septenaire. Les malades ont une soif plus ou moins vive, ils désirent les boissons froides et

---

raissent sous la forme de petits points rouges, comme si c'étaient des piqures de puces; la couleur est quelquefois rose ou rouge, ou violette; il arrive aussi quelquefois qu'elles sont totalement noires.

les acidules; on aperçoit assez ordinairement le battement des carotides; et le visage tantôt rouge, tantôt pale, la figure triste, jaunâtre, terreuse, comme d'une personne étonnée, méditant profondément, parlant entre les dents.

Les urines paraissent quelquefois naturelles, citrines, mais crues : *Similiter ad ipsas febres putridas spectat urinæ cruditas et obscura concoctio.* Paul Æginet, lib. 2, pag. 17. Si les urines sont troubles, épaisses, et sédimenteuses, vers la fin du second septenaire, elles sont d'un heureux augure.

Les sueurs sont d'un mauvais présage, si elles sont abondantes dans le commencement de la maladie; *cui unà cum febre incidit sudor, si est acuta, pestiferus.* Coac. Prænot. Duret, pag. 508. *Sudor in febribus acutis multus et copiosus damno est.* Hipp., lib. 1, prædic. Mais s'il survient sur la fin de la maladie des sueurs générales, elles deviennent alors critiques; d'autres fois une diarrhée modérée opère la solution de la maladie.

La surdité qui se manifeste le onzième jour, est d'un bon présage, si le pouls devient plus plein, plus élevé et plus mou.

Lorsque la maladie se prolonge au-delà du second septenaire, souvent elle acquiert plus de gravité; alors, tous les symptômes, désignés ci-dessus, continuent et paraissent avoir plus d'intensité, les forces se perdent de plus en plus, le pouls est faible et vermiculaire, la langue se dessèche, se durcit et se fendille. Les malades ne peuvent la remuer; ils n'ont plus le sentiment de la soif. La peau est sèche, inperspirable, couverte de pétéchies rouges, livides, noires. Ils tombent dans l'assoupissement et dans une sorte d'insensibilité. Ils ont les yeux ternes, ils sont dans un délire obscur, taciturne, et ils finissent par perdre graduellement leur force vitale qui, enfin, s'éteint avec eux.

76. Les causes de cette maladie sont la malpropreté, un air chaud et humide, et non renouvelé, comme dans la plupart des hôpitaux, des prisons, des vaisseaux, des camps, des maisons de familles nombreuses, pauvres; des villes populeuses où les maisons sont fort élevées, et où on ne veille pas assez à la propreté; tel est encore l'air des pays marécageux, des villes entourées de marais; la disette, l'extrême fatigue, la tristesse, la crainte.

77. Lorsque la chaleur est excessive, un des premiers secours est la saignée; mais quelle circonspection n'exige-t-elle pas? Huxam, *de febribus putridis, cap.* 8, et Pringle, *Maladies des armées*, troisième partie, chap. 6, sect. 5, pag. 82, ont observé que les grandes saignées étaient communément funestes, qu'on ne devait même réitérer la saignée qu'avec précaution, que le pouls tombait souvent après la seconde saignée, et même quelquefois après la première, quoiqu'il eût paru donner des indications suffisantes pour tirer du sang deux fois. Les douleurs vives de tête ne permettent que l'application de quelques sangsues; car ces douleurs, ainsi que celles de côté, la chaleur, le pouls, sont dans plusieurs circonstances des signes trompeurs de pléthore sanguine, § 19 à 22,

puisqu'on les a vus souvent céder à l'action d'un émétique. La règle la plus sûre, avant d'en venir à la saignée, est d'examiner le caractère de l'épidémie, le climat, la saison et surtout l'état du malade. La saignée ne conviendra pas si le malade a été peu ou mal nourri; s'il est épuisé de fatigue et de travail, ou d'évacuations; si le pouls est vacillant, petit et inégal; s'il se trouve, en un mot, dans un des cas décrits § 22.

78. Une preuve que la saignée est quelquefois utile dans une fièvre, bien que putride, c'est que nous l'avons employée nous-mêmes avec succès dans une épidémie qui régna en 1799 et en 1800, dans plusieurs communes environnant la ville que nous habitons, à l'exemple de *Fréind*, *Huxam*, *Sydenham*, *Lancisi*, *Hoffmann*, *Pringle* lui-même, qui ont été quelquefois obligés, en opposition à la règle générale, de faire ouvrir la veine dans les fièvres putrides. Dans l'épidémie qui ravagea la Toscane en 1766 et 67, il fallait quelquefois saigner à plusieurs reprises les malades, et *Vacca Berlinghiery*, docteur en médecine, professeur dans l'université de Pise, doit sa vie à trois saignées qu'on lui fit, lorsqu'il fut attaqué de cette fièvre: *Considérations sur les maladies appelées vulgairement putrides;* par M. François Vacca Berlinghiery.

79. La maladie épidémique dont il est question § 78, consistait en une fièvre continue qui débutait ordinairement par des symptômes inflammatoires, tels que fièvre violente, pouls dur, maux de tête aigus, délire. Bientôt à ces symptômes succé-

daient ceux qui signalaient la putridité la moins équivoque, tels que devoiement, déjections vermineuses, taches pétéchiales rouges, violettes, livides, hémorragie du nez, du poumon, des intestins.

80. Le traitement qui a réussi a été la saignée pratiquée dans le premier septenaire, quelquefois deux et trois fois. Lorsqu'on ne diminuait pas le volume du sang dans les sept premiers jours, les malades périssaient de dépôt à la tête ou à la poitrine, ou d'hémorragie du nez, des poumons ou des intestins, le 14, le 17, le 21. La saignée a été même salutaire à ceux qui semblaient avoir des symptômes de dissolution, comme saignemens de nez, taches pétéchiales (1). Le flux menstruel n'était pas un obstacle à la saignée. Les officiers de santé qui ont

---

(1) Ce qui ferait présumer que la saignée n'est pas toujours contre-indiquée dans les maladies éruptives, est ce que rapporte *James*, dans son dictionnaire de médecine, article *Phlébotomie*, pag. 514. « J'ai délivré en une seule année d'un danger » de mort imminente, au moyen de la saignée du bras, quatre » accouchées malades de pourpre, de la vie desquelles on dé- » sespérait. Le sang ne fut pas plus tôt sorti, que les inquiétudes » des hypocondres et les défaillances disparurent, et que les » malades se trouvèrent beaucoup mieux, au grand étonne- » ment des chirurgiens et des assistans qui pronostiquaient leur » mort pendant l'opération ».

Plus loin, il s'étaie de l'autorité de *Botal*, ce grand panégyriste de la saignée, qui atteste en avoir fait usage avec succès dans les fièvres exanthémateuses, lorsque l'éruption n'était pas suivie d'une rémission de la fièvre.

regardé ce symptôme comme une contre-indication, et qui n'ont osé faire saigner les malades, les ont vus périr. En général, elle a été inutile après le septième jour.

81. L'émétique convenait après avoir vidé les vaisseaux. On entretenait la liberté du ventre, et on évacuait les humeurs par de légers minoratifs acidules, donnés de deux jours l'un. On combattait la putridité, par les acides végétaux et minéraux. Le suc exprimé des feuilles d'oseille, étendu dans quatre ou cinq fois son volume d'eau, ou de petit-lait clarifié, a fait un bon effet. La limonade nitrique a été mise en usage, avec succès, dans les hémorragies du canal intestinal, et dans les œdèmes qui succédaient à de grandes pertes de sang par le nez, les poumons ou les intestins. Le quinquina en décoction a été employé heureusement sur la fin de la maladie, lorsque les forces étaient épuisées, pourvu que les malades eussent été suffisamment évacués. Le camphre en lavement a été aussi avantageusement usité pour les malades qui avaient le ventre tendu, douloureux, et chez qui les symptômes de putridité étaient bien prononcés.

A l'aide de la saignée et des autres moyens que nous venons d'exposer, la maladie se terminait heureusement le quatorze, le dix-sept, le vingt et un; mais assez ordinairement elle se prolongeait jusqu'au quarantième jour.

82. Cette maladie a été occasionnée par l'excessive sécheresse jointe à l'extrême chaleur d'une partie du printemps et de l'été, qui ont d'abord donné

lieu dans nos cantons à une dyssenterie d'une très-mauvaise espèce. La bile avait acquis un tel degré de causticité, qu'on pouvait comparer son effet sur le canal intestinal à celui d'un poison très-actif. Les longues pluies qui ont succédé à la sècheresse et à la grande chaleur des saisons précédentes, le blé mouillé qui avait acquis une mauvaise qualité; telles sont les causes qui ont donné naissance, entretenu, propagé cette épidémie, § 78 à 82, dans les années citées ci-dessus.

83. Il n'est pas douteux, que dans beaucoup de cas, la fièvre putride est pure et simple dès son origine; or, dans ces circonstances il est rare que la saignée convienne; mais dans plusieurs autres, cette putridité est précédée par un état inflammatoire, témoin l'épidémie de Gottingue, dont *Rœderer* et *Wagler* ont donné la description, et celle de Naples, dont *Sarconne* a fait le détail; témoin encore la maladie qui prit un caractère épidémique dans plusieurs endroits de la France, dans l'été de 1781, et sur laquelle la Société de Médecine a publié des réflexions. Dans l'épidémie de Gottingue le premier période de la maladie avait un génie inflammatoire, mais dans la seconde stade, la fièvre était réellement putride. *Primum quidem stadium aliquid inflammatæ indolis sæpè sibi adjungit, quæ sensìm factâ coctione solvitur nimis in putridam.* De morb. mucos., pag. 99. Dans la maladie décrite par la Société Royale, lue le 18 septembre 1781, pag. 2 et 5, on voyait évidemment le carac-

tère putride prendre la place d'un état décidément inflammatoire.

84. Nous venons de donner plusieurs exemples de fièvre putride, § 75 à 84, compliquée de symptômes inflammatoires, § 79-82; nous allons actuellement parler de la complication de la fièvre putride avec l'affection catarrhale.

La fièvre putride catarrhale est celle dont les redoublemens ont lieu vers la fin du jour, et qui s'accompagne souvent de toux avec ou sans expectoration, de dévoiement, d'accablement de la tête, et souvent de délire. On remarque quelquefois dans cette fièvre des douleurs de côté avec crachement de sang, ce qui la fait prendre pour une fluxion de poitrine, soit pleurétique, soit péripneumonique. Mais ce qui distingue cette espèce de maladie des dernières, § 75 à 84, c'est qu'on y remarque, en général, la tête, la poitrine et le bas-ventre plus affectés que dans les fluxions de poitrine; le pouls est ordinairement moins dur, la douleur semble plus éparpillée, en ce qu'elle se fait sentir à la tête, au dos et aux lombes, il est même assez ordinaire que les malades se plaignent de toutes les parties du corps, parce que le siége de la maladie semble être dans les membranes muqueuses et dans les extrémités folliculaires de l'organe cutané; tandis que dans les fluxions de poitrine, la douleur semble être fixée plutôt à la poitrine que sur les autres parties du corps.

85. Si l'humeur catarrhale porte son action sur le canal intestinal, la diarrhée survient, elle affai-

blit le malade, et les évacuations, au lieu de le soulager, lui deviennent souvent funestes; il arrive, comme dans la fièvre putride, § 75, des exanthèmes; comme cette maladie n'a régné qu'à la fin de l'automne et dans l'hiver 1787, elle a été d'un très-long cours, l'ayant vue se prolonger souvent au-delà du quarantième jour.

86. En 1787, la constitution humide de l'été, de l'automne et de l'hiver, a donné naissance à des fièvres catarrhales putrides dont les principaux symptômes ont été des sueurs colliquatives dès le commencement, qui duraient assez ordinairement tout le premier septenaire. Vers le onze, les malades se plaignaient de violens maux de tête, de douleurs d'oreille aiguës. Les uns tombaient dans l'affaissement, d'autres dans le délire, d'autres enfin avaient des diarrhées qui les jetaient dans une prostration considérable; les fièvres prenaient quelquefois le masque de la péripneumonie, § 84, avec point de côté, toux, crachats légèrement teints de sang, pouls plein et dur.

87. Une saignée ou deux suffisaient; l'état coeneux et inflammatoire du sang indiquait le besoin d'en diminuer le volume; mais l'abattement des forces vitales qui survenait peu de tems après, avertissait qu'il fallait en être économe; l'émétique aussitôt la saignée, soulageait les malades; les loochs béchiches, les boissons pectorales, le camphre tant en bol qu'en lavement, les purgatifs légers donnés après le septième jour, les vésicatoires appliqués à l'endroit du point douloureux et aux jambes chez

ceux qui étaient attaqués du délire, relevaient le pouls, ranimaient les malades souvent affaissés vers le neuvième jour. Alors il fallait recourir aux potions cordiales pour en seconder l'effet.

88. Assez généralement la diarrhée se manifestait dès le premier septenaire. Il était à remarquer que tout le temps de sa duréee, la toux était peu fréquente, les crachats rares et la respiration n'en était pas plus gênée. Quelquefois la diarrhée se modérait vers le sept, le neuf, le onze de la maladie; d'autres fois elles se prolongeait jusqu'au quatorze. Alors, la maladie se jugeait par une abondante expectoration qui s'établissait après la cessation du cours de ventre. La convalescence a été très-longue pour les malades dont l'expectoration n'a eu lieu que sur la fin de la maladie, la toux ayant duré très-longtemps après leur rétablissement, conformément à cet aphorisme d'Hippoc. *Sputum, si statìm circa initia appareat, morbum abbreviat : si verò posteriùs videatur, producit.*

89. Nous avons commencé la seconde partie de ce mémoire, qui concerne la saignée dans les fièvres continues putrides ou malignes, par parler de la synoque, § 60, comme la plus simple des fièvres continues, qui diffèrent des fièvres intermittentes en ce qu'elles n'ont pas, comme celles-ci, quatre temps distincts, qui sont le frisson, la chaleur, la sueur et la rémission, et que les fièvre continues prennent avec des symptômes différens. Après avoir exposé les symptômes de la synoque, § 60, sa complication avec la putridité, § 61, son traitement dans notre

hospice et dans la ville que nous habitons, nous avons fait mention de la saignée, § 62, que nous y avons employée avec succès. Nous nous sommes étendus sur la fièvre ardente, § 63 à 68, où nous avons fourni des exemples de saignées faites sans inconvéniens dans cette espèce de fièvre. Nous nous sommes occupés de la fièvre putride, § 75 à 89. Nous allons actuellement nous occuper de la partie de la question qui regarde la fièvre maligne ou *ataxique*.

90. La fièvre maligne ou *ataxique* est ainsi nommée parce qu'elle est produite par quelque cause de mauvais caractère, que cette espèce de fièvre continue a des symptômes très-graves, et qu'elle réduit bientôt le malade à l'extrémité, tandis qu'il paraît extérieurement dans l'état presque naturel. *Febris maligna*, dit Fizes, *nuncupatur ea quæ graviora infert symptomata quam natura febris exigere videtur*, Tract. de febr., cap. VI, p. 99.

On appelle fièvre maligne celle dans laquelle le danger est plus grand que les symptômes ne sont effrayans. Tissot, *Avis au Peuple*, § 242, p. 282.

Pour peu qu'on réfléchisse attentivement sur la nature de la fièvre maligne essentielle, il est difficile de se refuser à la regarder comme une maladie locale de la tête (1) à laquelle les autres par-

(1) On ne saurait douter, dit Lieutaud, que la fièvre maligne « n'ait son principal siége dans les nerfs et le cerveau. Je » trouve dans ce seul fait un caractère qui peut très-bien la » distinguer des autres espèces de fièvre. Il est vrai que ces

ties du corps ne semblent pas participer, au moins dans le commencement, puisque pour l'ordinaire, le pouls, les urines et presque toutes les fonctions sont comme dans l'état naturel; ce n'est qu'après quelques jours de la maladie que les autres viscères s'entreprennent, surtout dans la fièvre maligne lente : car, dans la maligne aiguë, les malades sont quelquefois emportés très-promptement sans qu'on se soit aperçu qu'ils avaient été malades.

91. Nous diviserons donc la fièvre maligne en aiguë et en lente. La fièvre maligne aiguë serait une inflammation de la substance cérébrale, qui se termine dans l'espace de sept jours. Sous ce rapport, il nous semble que la fièvre appelée, par quelques auteurs modernes, *fièvre cérébrale*, devait être considérée comme une vraie fièvre maligne aiguë, puisqu'elle a coutume de se terminer en très-peu de temps par un dépôt purulent au cerveau, lorsque l'homme de l'art n'est pas appelé à temps pour en arrêter les progrès. La fièvre maligne lente est une maladie dont les symptômes sont moins violens que dans la première maladie, mais dont la terminaison est à peu près la même, puisque la plupart du temps elle se termine par un dépôt sanguin ou pu-

---

» dernières sont souvent accompagnées des mêmes affections » cérébrales et nerveuses, mais elles n'y sont que passagères et » symptomatiques, au lieu qu'elles accompagnent essentiellement tous les temps de la fièvre maligne ». *Précis de Médecine pratique*, p. 32.

rulent dans la tête qui, lorsqu'il prend son écoulement par le nez, ou par les oreilles, ou forme une métastase purulente aux parotides, ou sur d'autres parties, sauve le malade.

Les divers symptômes qui s'observent dans ces deux espèces de fièvre, tels que douleurs de tête, insomnie, assoupissement, délire, frénésie, les yeux rouges, battement des artères temporales, souvent plus fort que celui de l'artère radiale, n'induisent-ils pas à les regarder comme autant de symptômes d'inflammation?

92. Une disposition idiosincratique à la sensibilité nerveuse, des peines d'esprit, des travaux de tête forcés long-temps continués, des miasmes contagieux épidémiques ou endémiques, qui, par leur qualité délétère donnent un caractère de malignité à la fièvre; le même état qui dispose aux maladies chroniques nerveuses, rendent sujet aux fièvres malignes qui ont le caractère aigu. Une métastase à la tête, d'humeur de goutte, rhumatismale, psorique, herpétique ou laiteuse; des chutes sur la tête ou sur le coxis dont le contre-coup se transmet de la colonne épinière au cerveau; telles sont les causes de la fièvre maligne, aiguë ou lente inflammatoire.

93. *Chirac* regardait la *fièvre maligne* comme une fièvre éminemment inflammatoire, parce qu'à l'ouverture des corps de beaucoup de personnes mortes de fièvre maligne, il a trouvé, dans la plupart, des engorgemens dans les vaisseaux du cerveau, des suppurations spontanées, tant dans les

poumons que dans d'autres parties du corps, ce qui lui fit envisager la saignée comme le remède souverain. En réduisant l'opinion de Chirac à de justes bornes, ne nous sera-t-il pas permis d'avancer que si les saignées fortes et multipliées peuvent être et sont manifestement nuisibles dans une maladie où les forces sont à ménager, puisqu'un des principaux symptômes est une prostration de forces considérable, ne nous sera-t-il pas permis, disons-nous, d'établir qu'au moins de légères saignées peuvent y être extrêmement utiles, et qu'elles sont dans le cas de prévenir les engorgemens et les accidens qui en sont les suites? C'est, en cela, imiter la nature qui débarrasse souvent le malade par l'émission d'une petite quantité de sang, par les vaisseaux hémorroïdaux, par la matrice, ou par le nez, etc.

Nous pouvons assurer avoir employé avec succès de légères saignées dans les fièvres malignes, tandis que nous avons eu à nous repentir de ne pas avoir mis ce moyen en œuvre, par la perte des personnes attaquées de cette maladie. Ainsi, toutes les fois que nous avons à traiter une fièvre maligne, quel que soit le temps de la maladie, si après qu'elle a débuté par la prostration des forces, le pouls se relève, devient plus fort, plus plein, plus dur; si les redoublemens de fièvre sont plus fréquens; si la tête, principalement affectée, paraît accablée; si les artères temporales battent plus fort que le pouls même; si les yeux sont rouges, le visage plus animé, les douleurs de tête plus fortes, nous attribuons tous ces symptômes à l'engorgement du cerveau. Nous ne balançons pas en pareil cas, si la fièvre maligne est aiguë, de dégorger les vaisseaux par la saignée du pied, quelquefois réitérée, puis par l'application des sangsues aux artères temporales, si les saignées du pied ne diminuent pas les symptômes inflammatoires; mais dans la fièvre maligne qui s'annonce par des symptômes moins violens, nous faisons appliquer les sangsues aux malléoles d'abord; si l'engorgement inflammatoire se soutient encore, alors nous les faisons mettre aux tempes ou derrière les oreilles, afin de prévenir le délire que nous avons vu survenir quelquefois du onze au dix-sept.

On lit dans le Traité des maladies des armées, de *Monro*, que l'application des sangsues aux tempes, doit être préférée dans cette sorte de fièvre à la saignée du bras, quand la tête est le siége du mal et de la douleur.

Les sangsues appliquées aux tempes, pour les violens maux de tête, procurent plus de soulagement que les saignées, et sont moins à craindre. *Lieutaud*, Précis de la médecine, article fièvre maligne, pag. 41.

Il nous est souvent arrivé d'appliquer des sangsues aux parotides, aussitôt que nous nous apercevions du moindre gonflement de ces parties, pourvu qu'il fût accompagné de chaleur et de douleur, par l'opinion où nous sommes que toute suppuration, en général, est due à une préalable inflammation. Nous nous sommes, en général, mieux trouvé de dégorger les parotides par l'application des sangsues, que d'attendre l'événement de la formation, sur ces parties, d'un dépôt que nous avons vu souvent enlever le malade, ou traîner la maladie dans une extrême longueur, ce dont conviendra tout praticien de bonne foi.

94. Hors ces cas, § 92 à 93, nous nous abstenons de diminuer le volume du sang, dans la crainte d'affaiblir les forces vitales du malade, et nous avons recours aux autres moyens tant recommandés par les auteurs, tels que vésicatoires, écorce du Pérou, camphre, et tous les autres stimulans capables de ranimer le malade, et de le faire sortir de l'état d'anéantissement où le réduit cette maladie.

95. Après avoir décrit la fièvre maligne inflammatoire, § 90 à 95, nous allons passer à la description de la fièvre maligne bilieuse putride, puis nous traiterons de la fièvre maligne catarrhale.

Les fièvres malignes bilieuses sont souvent accompagnées de mauvaise bouche, d'un goût d'amertume, de nausées, de vomissement, de pâleur de la face ou de sa couleur jaunâtre, le blanc des yeux de même couleur, d'un sommeil agité, d'un pouls faible. La langue est sale dans le commencement ; elle jaunit ensuite et devient même noirâtre, vers l'état de la maladie. On y observe des sueurs abondantes. Si la bile éprouve un grand degré d'altération, elle cause alors de grands désordres, tels que vomissemens, cours de ventre, cardialgies, anxiétés, hoquet, etc. Les déjections sont fétides, vermineuses, involontaires.

96. Si la putridité se joint à la fièvre maligne,

outre le dévoiement, elle s'accompagne de taches pétéchiales, rouges, pâles, livides, noires, § 75, où de pustules miliaires ou vésiculaires, qui sont le produit de la sueur. Les plus célèbres médecins ont écrit sur les fièvres malignes avec éruption à la peau, *Hippocrate* (1), *Galien* (2), *Celse* (3), *Trallien* (4), *Actuarius* (5), l'ont désignée sous le nom générique d'exhanthêmes ; *Stoll* et *Hoffman* se sont convaincus que l'éruption ne paraissait pas toujours, quoique la fièvre ne pût être rapportée à d'autre genre qu'à celui qui produit les pétéchies ou le pourpre ; que cette même fièvre n'en était pas moins maligne pour cela.

97. Si à ces symptômes, § 96, se joignent un abattement considérable, un pouls variable pour la force et la fréquence, tombant tout à coup et offrant au tact faiblesse et dépression, larmes involontaires, délire obscur, constipation, soubresauts des tendons, les yeux rouges, délire, frénésie, taches pétéchiales, § 75-96, ce sera la fièvre d'hôpital ou des prisons, qui se terminera, dans le cas favorable, à la fin du second ou du troisième septenaire.

Nous avons éprouvé nous-mêmes la fièvre d'hôpital en 1795, en donnant nos soins aux malades

(1) De epidem., sect. III, de locis in homine, cap. 12, 70; aphor. 9, sect. VI.

(2) Meth. med., lib. V, cap. XII, circa finem.

(3) Lib. V, cap. XXVIII, § 15.

(4) Lib. V,

(5) Meth. med., lib. I, cap. XXIII.

d'un hospice militaire, et quoique la maladie ait été terminée le dix-septième jour, et que nous n'ayons éprouvé ni sueur, ni évacuation bien sensible dans le cours de la maladie, nous avons été réduit à un état de maigreur presqu'aussi considérable que si nous eussions été malade pendant six mois.

98. La fièvre d'hôpital est si contagieuse, que des médecins la regardent comme la peste même, dont à leurs yeux elle ne diffère que par les bubons, les anthrax et les charbons qu'on remarque ordinairement dans cette dernière maladie, mais non dans la première.

En effet, la fièvre d'hôpital est contagieuse à un tel point, qu'on a vu des personnes la contracter pour avoir seulement traversé une salle qui contenait des malades attaqués de cette fièvre.

Lorsqu'on réfléchit à la susceptibilité du corps humain de gagner des maladies, on ne peut s'empêcher de le regarder comme doué de la funeste propriété d'absorber les miasmes contagieux qui l'environnent, lesquels se portent de la circonférence au centre, de là naît la cause des maladies épidémiques; mais il faut convenir que si l'économie animale est un système absorbant, elle est aussi un système exhalant, c'est-à-dire, qu'elle est en puissance de repousser du dedans au dehors les miasmes délétères, cause des maladies, d'où naît la guérison.

Si c'est par le système absorbant que s'introduit le germe des maladies contagieuses, les routes le plus naturellement ouvertes sont celles de la poitrine et de la peau. Cette assertion cependant admet quelque modification; car l'expérience a démontré qu'en interdisant à la peau la faculté d'absorber, par un corps gras en friction, comme ferait l'huile, on préserverait de la peste les individus qui y étaient exposés, ainsi que *Desgenettes* l'a vu et éprouvé lui-même en Égypte; ce qui induirait à croire que les poumons ne sont pas la voie la plus facile pour admettre les miasmes contagieux des maladies épidémiques.

Si *Desgenettes* a trouvé dans l'huile d'olive un préservatif de la peste, *Samoïlowitz*, médecin russe, a employé avec succès les frictions glaciales sur les pestiférés.

Quelle que soit la manière de traiter ces deux maladies, il est rare que la saignée y soit employée si ce n'est dans les cas de pléthore, § 21, et d'inflammation, § 67, 79, 93 prononcées.

99. Nous ne croyons pas pouvoir donner une meilleure description de la fièvre catarrhale maligne qu'en citant l'exemple d'une personne qui en a été attaquée.

Un jeune homme, âgé de treize ans, en fut pris vers le commencement de janvier 1809. Nous ne fûmes appelés que le huitième jour. Nous le trouvâmes couché, se plaignant beaucoup de la tête; le pouls était fébrile; il toussait; il avait une courbature générale; il était si faible qu'il ne pouvait pas sortir de son lit. Dès le onzième jour il grinça des dents; les yeux, les muscles des lèvres et du visage étaient en convulsion. Étant tombé dans une affection comateuse vers le dix-sept, on lui appliqua les vésicatoires qui attirèrent la gangrène aux jambes; les plaies étaient sèches et restèrent dans cet état pendant quinze jours. La langue était noire, le ventre météorisé, constipé. Pendant environ trois semaines, il rendit par les oreilles une matière purulente qui était probablement le résultat d'un dépôt qui s'était formé dans la tête. Après cet écoulement la tête parut plus dégagée; le bas-ventre s'entreprit à son tour. Au météorisme et à la constipation succéda un dévoiement considérable dont les matières étaient noirâtres, membraniformes, extrêmement fétides et semblaient être fournies par la membrane muqueuse qui paraissait enflammée, irritée et, pour ainsi dire, dans un état gangréneux depuis la bouche jusqu'à l'anus.

Au bout de quinze jours d'application des vésicatoires, comme nous l'avons dit, les plaies se mirent à suppurer (après la chute des escarres gangréneuses), et avec elles trois autres plaies qui se formèrent aux muscles fessiers.

Quand le malade fut mieux de la tête et du ventre, la poitrine joua son rôle (qu'on nous permette l'expression) comme les deux autres cavités. La membrane muqueuse de la trachée artère, par suite de son irritation sécerna une telle quantité de mucosités, que le malade fut menacé d'en être suffoqué; la poitrine en était d'autant plus embarrassée que le malade ne pouvait pas les expectorer, probablement à cause de leur épaississement et de la forme membraneuse qu'elles avaient acquise par la chaleur du lieu; car le malade avait tous les symptômes de la suffocation striduleuse de *Rosen*, de l'angine membraneuse de *Home* ou du croup de *Michaeli*. Il avait la voix comme celle d'un coq. (Il ne l'a même pas encore recouvrée depuis deux ans et demi qu'il est rétabli.)

Pour y remédier on lui a appliqué sur le devant de la poitrine une flanelle trempée dans un fluide animalisé, dans lequel on avait dissous la huitième partie de carbonate ammoniacal ou alcali caustique. Il a fait usage intérieurement de vingt grains de carbonate ammoniacal dissous dans quatre onces de sirop d'érisimum, par cuillerée à bouche, de deux en deux heures.

Au bout de sept à huit jours d'usage de ces moyens tant internes qu'externes, la poitrine se dégage. Au bout de deux mois de maladie on voulut arrêter la suppuration des jambes et des trois plaies dont nous avons parlé, dans la crainte que leur abondance ne jetât le malade dans un marasme incurable : on ne put, quoi qu'on fît, arrêter cette suppuration, qui ne tarit d'elle-même qu'au bout de trois mois de maladie qui fut l'époque de la convalescence du jeune malade.

Il n'a pas été saigné. On lui a fait prendre le vin de Séguin dans le temps qu'on craignait la gangrène dans le bas-ventre. Du reste il n'a usé que de boissons qui lui faisaient plaisir, telles que celles qui étaient acidules, l'eau et le vin. Il fit particulièrement usage de raisin que la mère (aux soins assidus, prodigués jour et nuit, de laquelle ce jeune homme doit son existence) avait eu l'art de conserver en assez grande quantité pour en donner à son fils pendant sa maladie.

En réfléchissant sur une maladie si compliquée, on eût pu croire le jeune homme attaqué de plusieurs maladies : 1°. d'une fièvre cérébrale qui s'est terminée par un dépôt dont l'écoulement a eu lieu par les oreilles, pendant environ trois semaines; 2°. d'une fièvre putride d'un génie très-pernicieux, la langue et la bouche étant fort noires, la gangrène ayant paru aux plaies des jambes, et le dévoiement à la suite du météorisme et de la constipation dont les matières étaient d'une odeur extrêmement fétide, ayant duré fort long-temps; 3°. du croup, par les symptômes détaillés ci-dessus.

100. Cependant, nous ne le regardâmes que comme attaqué d'une fièvre catarrhale maligne, persuadé que nous sommes, que bien des maladies, telles que la fièvre lente pituiteuse de *Stoll* (1),

---

(1) Nous eûmes à traiter une femme de cette maladie. Entr'autres symptômes qui la caractérisent, nous observâmes un froid des extrémités d'autant plus frappant qu'il contrastait merveilleusement avec la chaleur atmosphérique qui était très-sensible ce jour-là, l'un des plus chauds du

la fièvre maligne sporadique, la fièvre maligne contagieuse, la fièvre maligne laiteuse des femmes en couche, la fièvre rémittente maligne (1) varient l'espèce de fièvres ataxiques, sans cependant en changer la nature, puisque dans toutes on rencontre les symptômes qui les caractérisent malignes, tels que prostration de forces, langue tremblante, delire taciturne, affection soporeuse. Nous regardons comme superflu de donner ici une description particulière de chacune de ces fièvres (que l'on peut voir dans les auteurs qui en ont traité), avec d'autant plus de fondement que nous n'avons pas remarqué que la saignée fût indiquée dans aucune des espèces de fièvres malignes ci-dessus désignées, les ayant vues presque toutes

---

mois de juillet. Nous y remédiâmes par l'application des vésicatoires à la manière de *Stoll*, en variant de place sans les faire suppurer.

(1) Une femme en suite de couche, âgée de trente à trente-deux ans, portait une fièvre intermittente depuis deux mois et demi; elle dégénéra en fièvre rémittente d'un génie si pernicieux que le médecin qui la traitait et qui avait été témoin de deux accès, désespérait de sa vie au troisième. Quoiqu'éloigné de dix lieues de la ville où elle demeurait, nous sommes arrivé assez à temps pour écarter ce troisième accès si redouté, par deux onces de quinquina que la malade prit en décoction tant en boisson qu'en lavement dans l'espace de dix à douze heures. Elle continua le quinquina à moindre dose pendant quelques jours et la fièvre fut entièrement coupée sans retour.

dominées par un principe débilitant qui exige plutôt des fortifians que des affaiblissans.

101. Après avoir posé les principes généraux, § 1 à 23, nous avons parlé des fièvres intermittentes, § 23 à 58; nous avons spécifié les cas où la saignée convenait, § 55, et tiré la conclusion sur la saignée dans les fièvres intermittentes, § 58.

Dans la seconde section, nous avons décrit la synoque, § 60, après avoir désigné ses symptômes, sa complication avec la putridité, § 61, sa cause, § 62, son traitement dans notre hospice et dans la ville que nous habitons, nous avons fait mention de la saignée, § 65 à 67, que nous y avons employée avec succès. Nous nous sommes étendus sur la fièvre ardente, § 68 à 73, où nous avons fourni des exemples de la saignée pratiquée sans inconvénient. Nous nous sommes occupés de la fièvre putride, de ses symptômes, § 75, de son traitement et surtout de la saignée si elle peut y être utile ou non, § 76; nous avons prouvé, § 77, par notre propre expérience, § 78, étayée d'autorités respectables, qu'il y avait des fièvres putrides où la saignée était indispensable lorsqu'elles sont précédées d'un état inflammatoire.

Immédiatement après, nous avons parlé, § 84, de la complication de la fièvre putride avec l'affection catarrhale, le temps où elle a régné, § 86, le cas où la saignée convenait, § 87, de sa durée et de sa terminaison, § 88.

Nous sommes passés à la fièvre maligne, § 90, à ses espèces, § 91, à ses causes, § 92; nous avons spécifié les cas où la saignée convenait ou ne convenait pas, § 93, 94; après quoi nous avons fait la description des fièvres malignes bilieuses, § 95, ensuite de la fièvre d'hôpital, § 96, 97, de sa contagion, § 98. Nous n'avons pas omis la fièvre catarrhale maligne, § 99, et nous avons terminé par exposer les maladies qui doivent être regardées comme malignes, § 100.

Nous croyons avoir répondu à la question proposée par l'Académie de Médecine de Paris; au moins nous pensons avoir fait de notre mieux pour satisfaire cette illustre Société.

www.ingramcontent.com/pod-product-compliance
Ingram Content Group UK Ltd.
Pitfield, Milton Keynes, MK11 3LW, UK
UKHW020342220726
13923UKWH00004B/1535

9 782019 297459